Lightning Source UK Ltd.
Milton Keynes UK
UKHW021046070820
367806UK00005B/247

9 781714 211043